换个角度看历史

秦始皇

[德] 科妮莉亚·赫尔曼斯 著
[德] 格雷戈尔·克廷 绘
林芳芳 译

贵州出版集团
贵州人民出版社

目录

秦始皇——他是谁？ ……………………… 3

皇帝的青年时期 ……………………… 5
像童话一样 ……………………… 6
战国 ……………………… 7
战争中的孩子 ……………………… 8
天和地 ……………………… 9
上天的旨意 ……………………… 10
诸子百家 ……………………… 10
孔子 ……………………… 11

秦国 ……………………… 13
刀剑与犁头 ……………………… 14
法家取代儒家？ ……………………… 14
商鞅变法 ……………………… 15
中央集权取代封地 ……………………… 15
战无不胜的军队 ……………………… 16
虎狼之国 ……………………… 17

伟大的征服 ……………………… 19
公元前221年 ……………………… 20
吕不韦：聪明且有学识的人 ……………………… 22
李斯：老鼠和人 ……………………… 23
李斯：国家的强者 ……………………… 24
一个新的头衔 ……………………… 24

帝国 ……………………… 27
中央集权和法律 ……………………… 28
去军事化 ……………………… 29
统一货币 ……………………… 29
统一度量衡 ……………………… 29
统一车轨 ……………………… 30
文字改革 ……………………… 30
农业 ……………………… 31
徭役 ……………………… 31
对杀人犯的审判 ……………………… 32
官员喜的墓葬 ……………………… 33

一个帝国和它的建筑成就 ……………………… 35
建筑工地上的繁重工作 ……………………… 36
食宿 ……………………… 37
道路和运河 ……………………… 37
万里长城 ……………………… 37
陵墓 ……………………… 38

焚书 ……………………… 41
永远的敌意 ……………………… 42
一场宴会 ……………………… 43
损失 ……………………… 44
学者的反抗 ……………………… 45

追求长生不老 ……………………… 47
传说中的仙山 ……………………… 48
长生不老药 ……………………… 50
在理智和疯癫之间 ……………………… 50

秦朝的衰落 ……………………… 53
最后一次巡游 ……………………… 54
恶臭之中 ……………………… 57
不断的起义和李斯的死亡 ……………………… 58
汉朝的开端 ……………………… 59

秦始皇陵和兵马俑 ········ 61
坟丘 ············· 62
1974年 ············ 63
真实规模 ··········· 63
陵墓 ············· 64
陪葬品 ············ 65
未解之谜 ··········· 66
地下宫殿 ··········· 66
青铜车马 ··········· 67
兵马俑 ············ 68
兵马俑坑 ··········· 70
坑的修筑 ··········· 70
兵马俑的制作 ········ 72
颜色 ············· 74
作战 ············· 76
兵器 ············· 78
不朽的传奇 ·········· 81

附录 ············· 83
词汇表 ············ 84
参考文献 ··········· 88
图片来源 ··········· 90
作者和插画家 ········ 93

秦始皇*——他是谁？

两千多年来，在西安有一处神秘的兵马俑*一直埋藏在地下，那里有超过7000名"士兵"、600匹"战马"和100辆"战车"。兵马俑为守卫秦始皇的陵墓而建，这在当时是一个被严格保守的国家机密。此后，外界也没有任何关于兵马俑的消息，世界上无人知晓它们的存在。

直到1974年，农民们挖一口井时，才偶然间发现了这支地下"军队"。这是20世纪考古界的轰动事件，兵马俑自此一夜成名。1987年，兵马俑被列入世界文化遗产名录。如今，每年有800多万人去西安参观兵马俑，他们都惊叹于兵马俑的壮观。在世界文化遗产参观人数的排行中，兵马俑一直名列前茅。

时至今日，兵马俑已经举世闻名。那么，下令建造兵马俑的人是谁呢？

他就是秦始皇，中国第一位皇帝，生活在公元前259年到公元前210年间，49岁时去世。和他出生之时相比，中国的版图在他去世的时候已经发生了深刻的改变。

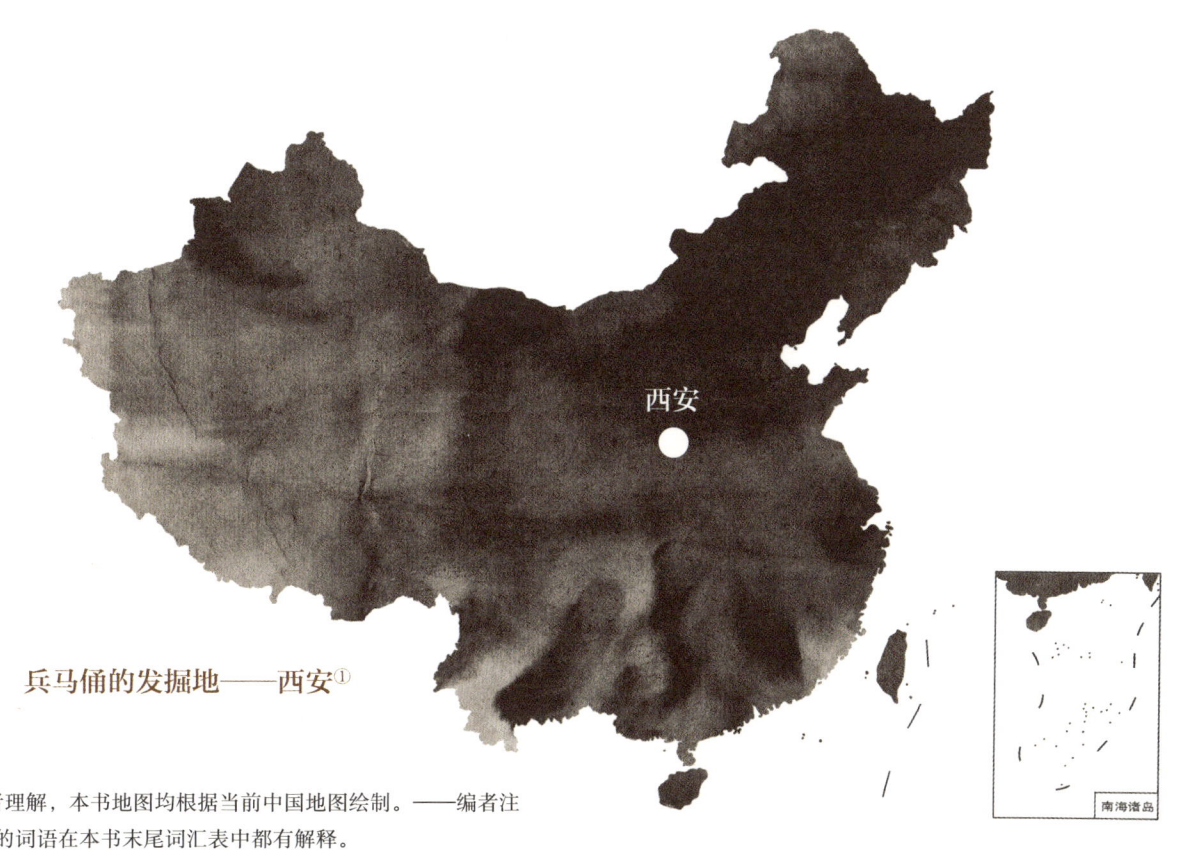

兵马俑的发掘地——西安①

①为便于读者理解，本书地图均根据当前中国地图绘制。——编者注：所有带*的词语在本书末尾词汇表中都有解释。

皇帝的青年时期

像童话一样

很久很久以前,爆发了一场可怕的战争。一位王子被迫离开家乡,到敌国生活。在战争中,他的儿子出生了。这个孩子后来当上了国王,他发誓要终结战争,促成和解。最终,他实现了自己的誓言,战胜了所有敌人,结束了战争,统一了整个国家,成为中国的第一位皇帝,他就是秦始皇。

秦始皇的人生听起来像童话一样。

中国的第一位皇帝——秦始皇

战国时期的主要诸侯国

战国

真实的历史的确如此,这位完成国家统一的秦始皇出生于公元前259年,时逢中国历史上最纷乱的战国时期*。

从公元前475年到公元前221年的战国时期,中国分裂成多个独立的诸侯国,这些诸侯国都想取得霸权。

之所以会造成这样的局面,是因为在那之前,从大约公元前1050年周武王继承王位开始,由周王室的一位成员统治整个国家,周王将土地分封给诸侯;随着时间的推移,诸侯变得非常强大,很快,各诸侯自称为王,他们将分得的土地称为王国,视为自己的财富,而周王只能眼睁睁地看着自己逐步丧失权力;渐渐地,各诸侯都想重新一统天下,他们互相侵犯,将成千上万的战士送上战场,进行激烈的争斗,想借此赢得更多土地。战争是残酷的,苦难无穷无尽。

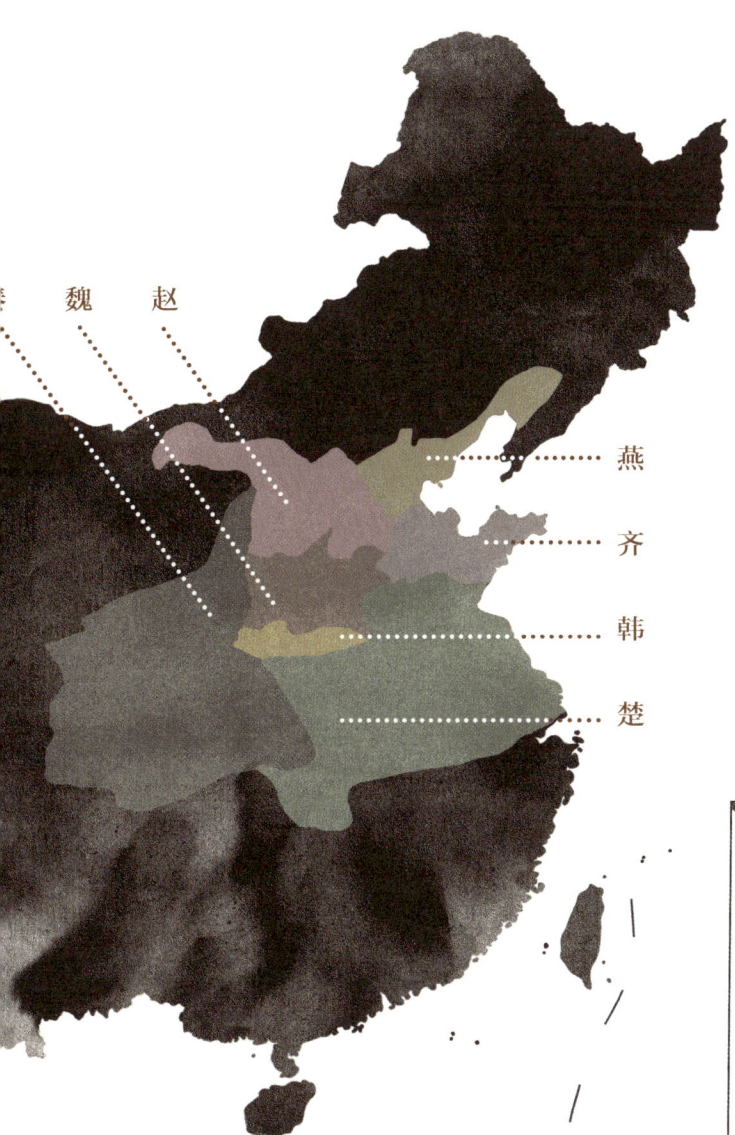
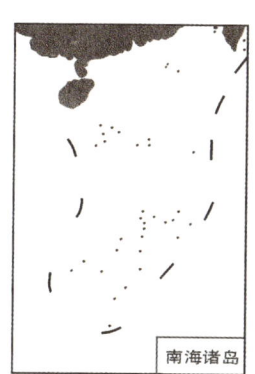

南海诸岛

嬴政出生在战乱之中

战争中的孩子

公元前259年,嬴政在赵国降生,他的父亲是秦王的儿子,秦国也是当时的诸侯国之一。嬴政的父亲被迫作为人质在敌国赵国生活。交换人质原本可以避免新的战争,但是时间长了就沦为毫无意义的习惯性做法。不久,秦赵两国再次发动战争,嬴政一家三口有了性命之忧。幸好此时有一位强大的保护者站在他们这边,此人是当时最富有的商人之一,他的名字叫吕不韦*。吕不韦于危难之际帮助这个小家庭逃亡,他们冒着生命危险逃回了秦国。

当秦国的老国君驾崩后,年幼的嬴政在公元前247年继承王位,那时他未满13岁。他在祖宗面前发誓,要结束这场可怕的战争,并重新统一国家。

天和地

要想理解当时为了争夺绝对主权而进行的漫长的战争,就必须了解中国关于天和地的神话,它讲述了世界是如何产生的:

很久很久以前,天和地还没有分开,宇宙像一个蛋一样混沌一团。这个蛋破裂后,从壳里蹦出了一个叫盘古的神仙。他用蛋壳上面的部分创造了天,用下面的部分创造了地。他每天将天推高一丈,将地压低一丈,而他自己也随之越长越高。这项工作持续了18000年,龙、麒麟、凤、龟四兽是他的帮手。后来,盘古死了,他的呼吸化作了风,声音变成了雷;他的左眼变成了太阳,右眼化作了月亮;他的血液变成了河流,肌肉化成了农田;他的头发化作了星星,汗毛变成了森林和灌木;他的骨头变成了矿石,汗水化为雨水;他身上的寄生虫变成了各种动物。在他躺着的泥浆里,产生了原始的人类。五位充满智慧的贤人统治着这些人类,教他们狩猎、捕鱼和畜牧,教他们写字、和睦相处,还教他们哲学和音乐。在五位贤人之后,夏王和商王继续统治人类。

这就是盘古开天辟地的神话。此后,直到周王朝建立,真正有确切年代记载的历史才开始。后来周王朝分裂成多个诸侯国。

盘古神

上天的旨意

古代的中国人认为天和地是一体的,真正的统治者是上天的儿子,他受上天的旨意,来统治所有天下事务。

战国时期的诸侯都想成为天下唯一的统治者,都想对着上天神圣的权力宣誓:

周王已经证明自己不配行使上天的旨意,应由我取而代之!我才是真正的天子*!

秦国在公元前256年占领了周王朝的主要疆土,因此自认为是受上天的旨意接替统治天下。

诸子百家*

在漫长的战争岁月中,诸侯们为权力而战,而学者们反思生活,制定合适的政策。战国时代,中国哲学家群星璀璨,形成了诸子百家(这里的"百"是虚指)。每家学说都讲授了他们所理解的理想统治和理想生活。其中,孔子的学说后来被称为儒家思想*,是最重要的哲学教义之一。秦朝灭亡后,儒家学说成为最重要的治国思想,20世纪的中国仍然深受其影响。

战国时期产生了许多著名的哲学著作

孔子

孔子生活在公元前551至公元前479年间。他的学说包括：

要坚持仁、义、礼、智、信，要敬重父母和祖先，遵守周朝*初期繁盛时的秩序。

因为在周王统治初期，国家仍然是太平的，所以应该恢复周朝时期的秩序。孔子认为人性本善，他主张人人都应受到细致、全面的教育，人人都需要良好的榜样。但他完全不重视法律和刑罚，而更倾向于提醒人们自我约束：

己所不欲，勿施于人。
（译者注：自己不愿承受的事，也不要强加给别人。）

孔子重视榜样的力量，因为他认为：

君子居之，何陋之有？
[译者注：有君子（即能教化百姓的贵族）居住的地方，就不会有野蛮。]

孔子认为，在周朝早期，贵族和封地*使得当时社会和谐且有秩序，因此那时候没有战争。所以，他要求学生们要时时透彻地学习过去的制度。

几乎所有诸侯国都崇尚孔子的思想，只有秦国例外。秦国崇尚的是法家*思想，其主张通过法律和刑罚来管理国家，控制百姓。

法家弟子将一切建构在法律的基础上，他们的思想和行为与儒家弟子有根本性的区别。

孔子

秦国

刀剑与犁头

在秦国生活的农民和士兵非常了解农耕和战斗。秦国位于周王朝的西北部,和中亚草原上在当时被称为蛮族的游牧民族比邻而居。游牧民族是马背上的民族,都经过良好的军事训练,他们经常袭击和掠夺秦国的农民。秦国与游牧民族的战斗持续不断,同时又与其他诸侯国爆发了战争。这些诸侯国对以农业为主的秦国嗤之以鼻:

一位其他诸侯国的贵族讽刺秦国人不了解传统的礼仪和端正的举止。另一个人嘲笑秦国的音乐:他们敲打水壶、锅碗和四肢,一些人唱着"喔!喔!",另一些人吼叫着。

可见,秦国与其他国家格格不入。

法家取代儒家?

秦国绝不是落后,秦国人也绝不是粗笨的,其他国家对它的嘲讽中也包含着深深的恐惧。但是在秦朝灭亡后,人们对它的评价依旧是负面的,原因在于:秦国没有接受孔子的儒家思想,没有洞悉人性的善良,而是崇尚在儒家看来严格规范一切事物,显得不人道的法家。由于秦始皇憎恶儒家,所以当儒家思想后来受到统治阶级尊崇时,儒家子弟就对他进行了报复。数百年来,儒生们把秦始皇说得一无是处。不过,现在这种负面的评价在慢慢改变。

秦国人在合奏

商鞅

商鞅*变法

在秦始皇执政前的100多年,商鞅来到秦国。崇尚法律的他在秦国严格而坚定不移地按照法家学说进行改革。任何识字的人,都可以查看法律条文,因为商鞅将条文张贴在了柱子上。在法律面前,无论是贵族还是平民,人人平等。这是一条令人惊叹的现代准则。

商鞅认为,一个国家只需要两样东西:一是可观的农业,二是强大的军队。因为农业提供食物,军队抵御外敌。

中央集权取代封地

商鞅建议秦王下令收回分封给贵族的土地,这项政令在秦国比较容易实现,因为历代秦王都只给贵族分封了少量土地。商鞅将秦国划分为31个县,交由根据能力和功绩任命的政府官员管理,而不是贵族。商鞅甚至允许秦国的农民购买土地,这在中国历史上是一个创举,这项举措吸引了各国富农涌向秦国。

战无不胜的军队

商鞅把军队的指挥权交给专门学过兵法的军官。军队中每个营又下设小分队,分队内实行"连坐法",即每个人都须为其他人的行为做担保。在军功赏赐上也颁布了新的规定,激励士兵勇猛杀敌。

勇猛的战士

虎狼之国

商鞅变法使秦国成为战国时期最强大的诸侯国。在秦始皇出生前,一个其他诸侯国的崇尚儒家思想的贵族抱怨说:

(秦)有虎狼之心,贪戾好利而无信,不识礼义德行。

(译者注:秦国有虎狼之心。秦国人是贪婪的、道德败坏的,他们只考虑利益,缺乏诚信,完全不顾礼仪、正义、品德和端正的举止。)

秦国废除封地使得贵族失去了所有特权。秦王亲自任命官员管理国家,他还拥有一支战无不胜的军队。在那里,过去奉行的价值观被颠覆,取而代之的是职责、功绩和秩序。秦国的崛起势不可挡,其他诸侯国对它充满了恐惧。

秦始皇

伟大的征服

公元前221年

秦国变得越来越强大。公元前256年,秦国集中了全国的力量,攻下周朝残存势力。嬴政即位为秦王后,在他的领导下,战役又一个接着一个爆发:

公元前230年消灭韩国,公元前225年消灭魏国,公元前223年消灭楚国,公元前222年消灭燕国和赵国。

在公元前221年齐国投降秦国后,嬴政终于实现了曾经向祖先发过的誓言,结束了这连绵的流血战争。事实上,他确实也有能力征服这些诸侯国。中国伟大的历史学家司马迁*这样写道:

(秦)稍蚕食诸侯。

(译者注:秦王的军队灭掉其余六大诸侯国,就像蚕吞食叶子一般。)

公元前221年,秦王占领了所有敌对国,"中国"这个叫法由此诞生。

即便是嬴政这样雄心勃勃、意志坚强的统帅也需要帮助和支持。他有两位杰出的丞相,一位叫吕不韦(前292—前235),另一位叫李斯(前284—前208)。如果没有他们,世界历史不知会如何书写……

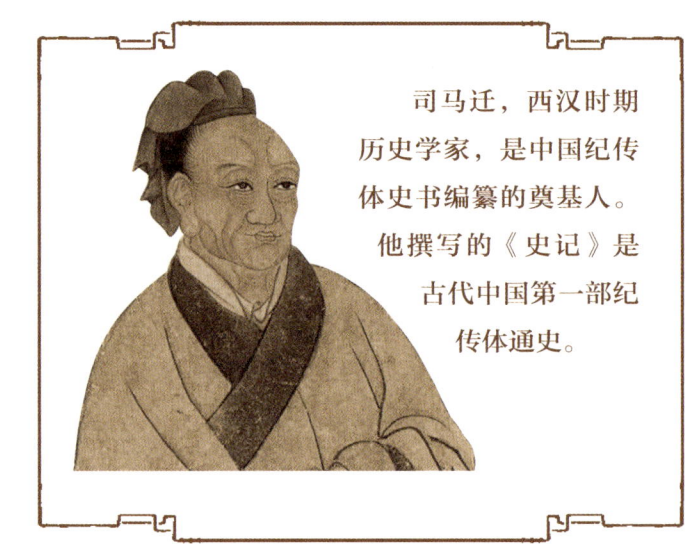

司马迁,西汉时期历史学家,是中国纪传体史书编纂的奠基人。他撰写的《史记》是古代中国第一部纪传体通史。

秦军战无不胜

吕不韦：聪明且有学识的人

吕不韦

嬴政的父亲、母亲和年幼的嬴政在赵国做人质时就受到富有、聪明而且有学识的商人吕不韦的帮助。

嬴政和他的父亲都任命吕不韦做丞相。可是嬴政有很多敌人，这些敌人没法用武器殴打他，因此只能在言语上侮辱他。他们散布恶毒的谣言，说商人吕不韦才是嬴政真正的父亲。他们之所以污蔑嬴政是商人之子，是因为在儒家的社会等级中，无论多么富有的商人，都得排在社会的最底层。当公元前238年王宫内出现真正的丑闻时，关于嬴政身世的谣言已经流传甚广。嬴政的母亲有个情人，这在当时是严格禁止的。吕不韦因为认识嬴政母亲的情人，所以也被卷入了这场丑闻之中。谣言和丑闻使嬴政情绪失控、恼羞成怒，便下令驱逐吕不韦。为了逃避即将面临的折磨，绝望的吕不韦将一种致命的毒药加入酒中，一饮而尽，含冤而死。

吕不韦饮下的毒酒

李斯:老鼠和人

李斯

国王另一位重要的丞相是李斯,他是一位十分细致的观察者。李斯在厕所里领悟到了改变他一生的道理。他在上厕所的时候,观察到茅房里的老鼠一旦有人靠近,就马上惊慌逃跑,而在粮仓里的老鼠既不怕人也不怕狗。由此他体悟到:

人之贤不肖譬如鼠矣,在所自处耳。

(译者注:一个人有没有出息,就如同老鼠一样,是由自己所处的环境决定的。)

李斯向一位聪明的哲人请教什么地方能让他施展本领,这位哲人让他去秦国。因此,李斯离开了他的家乡楚国,来到秦国,投到了吕不韦的门下。吕不韦在公元前238年自杀后,李斯开始飞黄腾达,但他自己对此表现得很谦虚。当他高居丞相之位时,他说:

斯,上蔡间巷布衣也,上幸擢为丞相。

(译者注:我来自上蔡民间,是一个普通老百姓,侥幸被君王赏识提拔做丞相。)

从老鼠悟人生

李斯:国家的强者

李斯是帝国统一的强大推动力。早在统一之前,他就鼓励秦王:

夫以秦之强,大王之贤,由灶上骚除,足以灭诸侯、成帝业。

(译者注:凭借秦国的力量和大王的才能,征服其他诸侯国就像擦去厨房炉灶上的灰尘一样容易。)

在各国被征服后,李斯是除皇帝以外,策划和推进帝国统一的第一人。一些历史学家甚至说,实际上是李斯缔造了国家的统一。

一个新的头衔

公元前221年,嬴政战胜了其他所有诸侯国,这位伟大的征服者应该拥有什么头衔呢?简单地从"秦王"改称"皇帝"似乎不够,于是官员们创造了这个头衔:秦始皇。它的意思是秦王朝的第一位崇高而神圣的皇帝。秦始皇还补充道:

朕为始皇帝,后世以计数,二世、三世至于万世,传之无穷。

(译者注:我是第一任皇帝,我的继承者会是第二任皇帝、第三任皇帝,就这样一直到千秋万代。)

"始皇帝"的小篆*体

秦始皇登上皇位

秦始皇

帝国

中央集权和法律

征服其他诸侯国之后,第二项艰巨的任务等待着秦始皇和他的朝廷:如何将一个像今天的欧洲一样庞大且多元化的国家在各方面统一起来。秦始皇没有给自己任何休息的时间,很快便着手建立新的秩序。

整个帝国采用法家的治国理念。贴着法律条文的柱子随处可见,其中很多柱子被立在山上,因为人们认为山是距离上天最近的神圣之地。

贵族的所有封地都回到皇帝手中,因此,先前各诸侯国的贵族在很大程度上被削弱了权力,但他们对帝国而言仍是一种威胁。

全国被划分为36个郡,每个郡下又设县。这些郡县由根据能力与功绩挑选出的官员来管理。所有官员都必须向中央汇报工作。

每个郡由一名郡守和一名负责军务的郡尉管理。此外,皇帝还派去一名郡监来监督郡守和郡尉的工作。人们很快就理解了这些措施的目的,这是为了强干弱枝,也就是加强中央实权,削弱地方势力。

去军事化

根据秦始皇制定的第一项法令,所有武器都应被收缴并熔化。为了防止新的流血战争的爆发,帝国实现了去军事化。收缴上来的武器被铸造成十二座巨型雕像立在都城中,每座雕像至少重达30吨。

武器被熔化

统一货币

再也没有令人头疼的换算了!

以前各个诸侯国使用不同的货币,比如铲币、刀币或环钱。这些货币被兑换成了一种新的叫半两*的货币。半两是一种中间有个方孔的铜币,人们可以将它们缠在腰带上随身携带。

老货币和新的通用货币

统一度量衡

计算长度、重量、容积的工具都被重新统一。违反新规定的人会被惩罚去服徭役。

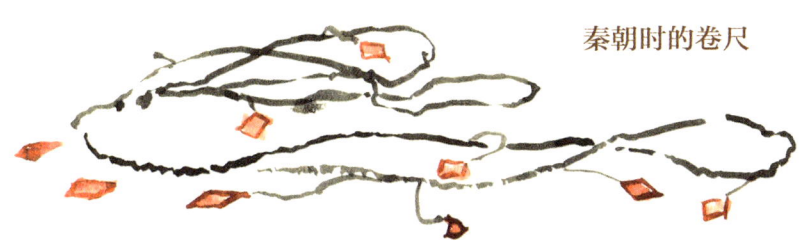

秦朝时的卷尺

统一车轨

秦国以前的都城咸阳*成为帝国的首都。已有的农田无法满足首都巨大的食物需求，因此需要从远处运送粮食过来。

秦始皇在法律上规定了车道的宽度和车轮之间的宽度。一些研究者认为，秦始皇在统一车轨宽度这个问题上有些过于严苛了。另一些研究者声称，当时的街道上有很深的车轨，类似于今天火车的铁轨，如果车轴长度与轨道的宽度不符，车辆就无法通行。如果这种说法成立，那么车同轨就是一项具有高度现实意义的特别规定。

文字改革

长达数百年的分裂使各国产生了不同的语言和文字。如果一个来自秦国都城的官员到统一后的帝国东部去，他就无法与当地人民沟通了。如果地区之间没有沟通，那么国家作为一个统一的整体该如何运作呢？

因此，朝廷颁布了标准化的文字，根据规定，人们只能书写小篆。通过这种方式，人们至少可以通过统一的文字进行交流。这种文字经过不断演变，至今仍在使用，因此当时的文本在今天依旧可以识读。官方将统一的文字编集成册，到了东汉时期，在这些统一的文字的基础上，产生了中国第一本字典——《说文解字》。

农民和粮车

徭役

违反法律的人会受到惩罚，但这种惩罚不是把犯人关在监狱里，而是把他们发配到帝国的建筑工地上去服徭役。徭役的时间可能是几个月，也可能是几年，最长可达6年。

服徭役的人有时还要接受肉体刑罚。肉体刑罚包括：刮掉胡子，剪掉头发①（当时的男子留长发，盘到头顶做发髻），还可能在脸上刺青。有些时候会割掉鼻子或砍掉左脚，但这种情况很少见，因为这会使犯人无法服徭役。

秦朝甚至还有针对青少年的法律。对于犯法的青少年，会根据他们的身高来定罪：如果年轻的罪犯身高不超过6尺（约合今天的1.4米），那么对他的惩罚会减轻。即便他被判去服徭役，也不会受到任何体罚。

蝗虫经常吃掉整片庄稼

农业

秦始皇颁布了许多农业法，因为庞大的帝国需要充足的粮食供给。官员们定期向上级汇报田地和收成、干旱和洪水、风和雨、蝗虫和其他害虫的情况。

服徭役者必须戴上脚镣

①古人重视头发、胡须，轻易不剪，剃去须发是一种羞辱性惩罚。——编者注

对杀人犯的审判

杀人犯在市集上被公开处决。不过,在此之前必须仔细审查被害人尸体和犯罪现场,并确认犯罪痕迹。官员会询问罪犯犯罪的动机和情节,根据案情的恶劣程度决定执行哪种痛苦程度的死刑。

一次公开处决,官员现场宣读审判结果

官员喜的墓葬

1975年,考古学家在湖北省云梦县发现了一位官员的墓葬。墓主人叫喜,死于公元前217年。在他的墓葬里有大量的竹简,上面记录着他生活年代的律法。

其中,1155片竹简上的字迹仍清晰可辨,这引起了人们极大的惊叹。

在此之前,学者们只能看到儒家学者对秦始皇时期律法的描述。在儒家的描述里,当时的律法过于严酷、残忍、专断和无情。自从发现了这些竹简,我们才知道,学者们的说法并不符合实际情况。恰恰相反,秦朝的律法既不残忍,也非无情,而且并不专断。当时的调查方法有很好的规范,考虑了年龄、犯罪情节、动机和事实依据,并根据以上情况量刑和定罪。我们不能将当时的刑罚与今天的相比较,因为在过去,世界各地的法律都很严厉,而且都有痛苦的肉体刑罚。

然而,在秦始皇统治的帝国里,官员会在审判前仔细调查。最难能可贵的是,官员会坚持一视同仁,坚持法律面前人人平等,这在当时具有很大的进步意义,是一种伟大的正义。

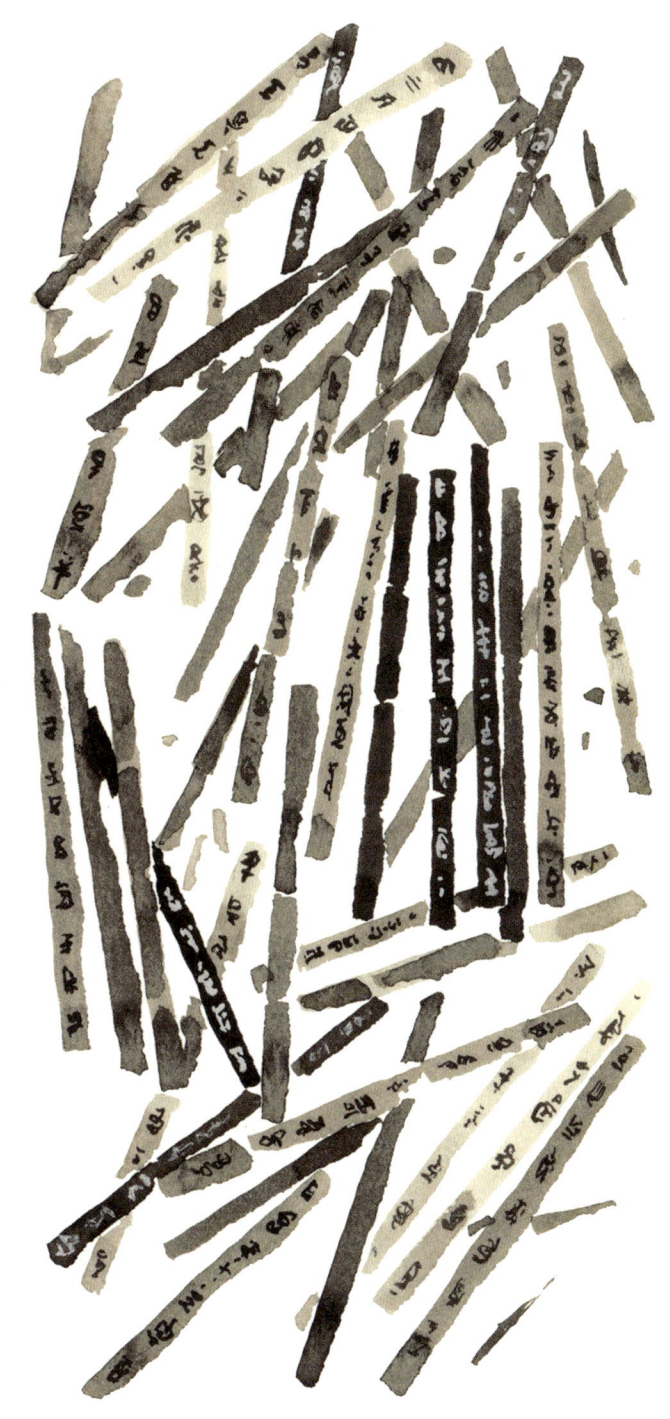

从官员喜的墓葬里挖掘出的竹简

一个帝国和它的建筑成就

建筑工地上的繁重工作

人们厌恶和憎恨秦始皇的另一个原因是不得不为他建造各种大型的建筑。秦始皇不仅在地图上建立了一个帝国，而且要按照地图用黏土和石头构筑它，以彰显秦朝的疆域与实力。在这一点上，他和世界历史上的大多数征服者一样，狂妄自大地下令建造了大量的建筑物。即便如此，秦始皇在这些大兴土木的征服者中也是佼佼者。他修建了皇陵、无数的宫殿和行宫、运河和堤坝、几千千米长的驰道。此外，他还下令连接和修缮战国长城，使之始有"万里长城*"之称。

服徭役者命途艰难

早在秦国还是诸侯国的时候，秦人就不得不服徭役。自秦朝建立，据考证，满15岁便要开始服徭役，他们或是去收割庄稼，或是在帝国的建筑工地上劳动。那些没有准时服徭役的人会受到笞刑，他们的背部会被人用棍棒抽打，十分疼痛。年轻的男子必须服兵役，即或是在军队服役，或是去建造万里长城。通常对罪犯的惩罚也是服苦役，这使得服劳役的环境更加糟糕：普通人与犯人一起工作，无辜的人和有罪的人面临着同样的命运。宏大的建筑和恶劣的劳动条件酿成了很多悲剧，太多劳工为此付出了生命。

食宿

因为不能让家庭陷入困境,所以每个家庭只需要一个成年人去服徭役。徭役仅支付微薄的工资,并提供粮食和住宿。在那里,食物的量是用新的量器精确分配的。一般情况下,每月配给一个男子约70升粮食,一个女子约52升粮食。如果从事收割工作,则会再增加约17升;如果从事特别艰苦的工作,则会有额外的配给。据说当时这些配额是足够的,因此很少有人会饿肚子。建筑工地上还会给工人提供衣服:一件大衣、汗衫或短上衣。这些衣服由多厚的麻料制成,都是有规定的。但是,麻料只能粗糙地进行纺织,因此劳工们身上的衣服总是很沉,尤其是在冬天。

用麻纺织的衣服通常很重

道路和运河

要管理帝国的各个角落,就需要道路和运河。秦朝建造了庞大的道路网,长6000至7000千米。罗马帝国在图拉真和哈德良的统治期间,疆域扩张到历史上最大的范围,但罗马当时的道路网还是比秦朝时的中国短了约1000千米。据记载,秦朝时,从首都通向各个地方的道路大约有几十米宽。

建造长城对工人们而言,意味着无尽的艰辛。

万里长城

中亚草原的游牧民族一再侵犯中原的农民,为了抵御他们,秦始皇下令在北部边界大规模修筑长城。在此之前,这样的城墙在世界上从未出现过。万里长城的建造是一项巨大的成就,但对工人而言,它也意味着无尽的艰辛。

陵墓

公元前246年（秦王政元年），也就是在嬴政13岁的时候，他初即位就开始命人修建自己的陵墓。历代皇帝都会修建自己的陵墓，这是一种习俗。一个皇陵不是只有一个放棺材的墓室，而是有陪葬墓和宗庙的结构复杂的建筑群。秦始皇下令修建的皇陵，是有史以来为皇帝建造的最大陵墓。或许在他统一六国的过程中，每征服一个国家，他对陵墓的规划就更大一些。据说从公元前221年秦朝建立开始，超过70万工人参与修建陵墓。

到公元前210年秦始皇去世的时候，他最后的安息之处已经修建了30多年，但仍没有完成。根据司马迁的记录，秦始皇的儿子，皇位继承者胡亥下令将他父亲所有的妃子，以及所有了解陵墓地下结构的工匠，都埋在了陵墓里。考古学家至今无法证实这种说法，因为还没有在秦始皇陵发现大规模的殉葬墓。

秦始皇建立的朝代*在他去世之后只延续了四年。在这段时间内，由于他那个永远处于喝醉状态的儿子胡亥*心里想着别的事情，而不是建完他父亲的皇陵，因此，我们到现在依旧不知道，秦始皇规划的地下世界是否已经竣工。

兵马俑的制作

焚书

永远的敌意

秦始皇废除了全国贵族的封地。但是在这个以法家为统治思想的帝国里,大部分的学者仍旧是崇尚儒家思想的。他们也许清楚秦始皇废除封地和轻视贵族传统的原因,因为封地导致了战争,这是儒家弟子也亲身经历过的,但是他们不能理解这之后的焚书。

秦始皇下令烧毁儒家著作,这是儒家弟子永远无法原谅的,从那一刻起,他们对秦始皇只剩下蔑视。

此前,焚书在世界历史上从来没有出现过。在中国,书写的文字一直都受到尊重,精美的书法比绘画更受重视,因此焚书才更加令人难以接受。那么,为什么会走到这一步呢?

焚烧书本

一场宴会

在公元前213年的一场宴会上,一位儒家学者抱怨说,秦始皇没有给皇族和其他高级官员土地,甚至拒绝赏赐一个小小的封号。他认为这在周王朝的鼎盛时期是很少见的,所以扬言:

事不师古而能长久者,非所闻也。

(译者注:一个不以古代为榜样的事物是不能长久存在的。)

李斯勃然大怒:

今天下已定……百姓当家则力农工,士则学习法令辟禁。今诸生不师今而学古,以非当世,惑乱黔首。

(译者注:如今天下已经安定下来……老百姓专心从事耕作和其他劳动,读书人学习国家的法律和刑罚。而如今这些儒生不以现在为榜样,而是效法古代,诽谤当世,在平民中引发怀疑和动乱。)

李斯说,中国人从来不直接批评一件事物,因此通常情况下若一个中国人说古时候好,就是为了暗示现在不好。儒家弟子怀念的肯定不是过去的战争年代,而是周朝早期,那时周王室将土地分封给诸侯,社会上人们既有教养又充满欢乐。儒家弟子常常抱怨这种不学习过去制度而带来的损失,他们的抱怨耗尽了李斯的耐心。为了彻底终结对过去所谓的光辉时代的进一步讨论,秦始皇下令烧掉旧书:

焚烧除《秦记》以外的列国史记,不属于宫廷所藏《诗经》《尚书》也都烧毁,谈论《诗经》《尚书》者处死,用历史上的人或事来抨击当今的人灭族。

在宴会上

损失

作为例外不用被烧毁的是关于医学、药物、农业和林业等通俗的专业类书籍，预言占卜类的书籍因为受到皇帝的喜爱也幸免于难。但是，几乎全部的历史书和其他儒家著作都被烧毁了。

李斯希望随着时间的推移让人们忘记过去。旧书的孤本被放在皇宫的书房里，只有那里的皇室成员可以阅读。

在中国，有五种非常重要的书，至今仍被称为"五经"。它们都可以追溯到公元前221年秦帝国建立之前的几个世纪。除了与占卜相关的《易经》之外，其余四种都被秦始皇烧毁。后来，学者们凭记忆将它们重新编写。

"五经"是指：

《诗经》：中国最古老的诗歌总集。产生于公元前11世纪到公元前6世纪之间，据说是由孔子亲自选了300余首诗歌编纂而成。《诗经》中超过半数的诗歌是反映民间生活的，其他的是宫廷宴享或朝会时的乐歌和宗庙祭祀的舞曲歌辞。

《易经》：是一本占卜书，其中涉及伦理、生活、宗教和政治层面的劝导。这本书现在在西方也很受欢迎，被视为深刻的生活智慧源泉。《易经》是占卜类的书，因此它在秦朝时免遭焚烧。

《尚书》：古代王朝的公务文书总集，涉及夏、商、周，也就是秦帝国建立之前的几个朝代。据说孔子编订了这本书。

《礼记》：记录了先秦的宫廷典礼和礼节，即旧时王宫的风俗和习惯，以及祭祀祖先的风俗和礼仪。

《春秋》：中国现存最古老的历史书。它是鲁国的编年史，记载了鲁国的历史、政治、军事和文化。战国时代的每个诸侯国都有自己的编年史，但只有鲁国的被保存了下来。相传《春秋》是孔子修订的。

孔子认为这五种书很重要，因此推荐给他的学生阅读。

学者的反抗

儒家学者感到惊慌,并开始向朝廷抗议。但是李斯并不让步,他下令将反抗者判刑。秦始皇的大儿子扶苏*向他的父亲请求,不要对儒家弟子行刑:

诸生皆诵法孔子,今上皆重法绳之,臣恐天下不安。唯上察之。

(译者注:所有被判刑的儒生都研习孔子的学说,您现在打算严厉地惩罚他们,我担心会引起全国的不安。希望您能再考虑一下。)

秦始皇不但没有让步,反而还惩罚了扶苏。扶苏不得不去北方修筑万里长城。当时儒家弟子是如何被惩罚的,他们是否像传说中那样被活埋了,已经无人知晓。同样,人们也不清楚,当时的儒生是否真的把所有书都交出去烧了,可能有些书被他们藏在了家里的墙内。

在秦始皇去世四年后,这些书或许永远消失了。公元前206年,当人民起兵反抗之时,起义军烧毁了都城和皇宫的书房。那些旧书的孤本被烧得只剩下灰烬。

因为很多学者熟记了这些禁书的内容,所以之后他们根据记忆将它们重新写了出来。由于在之后的几个世纪这些书被一再重写,因此我们无法准确地知道,哪些是孔子自己说的,哪些是他的追随者说的。

只有一点是可以肯定的,焚书令彻底地损害了秦始皇在儒家弟子中的声誉,因此他们对秦始皇的评价永远是负面的。公元前206年,在秦帝国覆灭后,儒家弟子成为社会的主流精英。后来,儒家思想甚至上升为国家统治思想,并一直从根本上影响着中国人的生活。

> 除了公元前213年的焚书外,中国历史上还有两次焚书:一次是在南北朝时期,在梁元帝的统治下进行的;另一次是在18世纪清朝时期,由乾隆皇帝下令进行的。

秦始皇

追求长生不老

传说中的仙山

永葆青春和长生不老是人类亘古不变的梦想。与秦始皇同时代的很多人都有这个梦想，秦始皇自己也不例外。在他和他的军队击败了所有敌人后，他又幸运地逃脱了四次刺杀。秦始皇又是如何寻求长生不老的呢？

在秦始皇生活的年代，人们相信神秘的仙丹和仙草能使人长生不老。相传，在中国东海中有蓬莱、方丈和瀛洲三座仙山，上面住着仙人，生长着仙草。秦始皇尝试着去寻找这些岛屿。

刺杀秦始皇

一次又一次征服其他国家的人，秦始皇自然会有很多敌人。秦始皇被刺杀过四次，但这四次刺杀都没有成功。第一次，也是最有名的一次，就是发生在公元前227年的"荆轲*刺秦"。荆轲将刀藏在卷轴中偷带入宫，但是他没有刺中皇帝。六年后，也就是公元前221年，第二次刺杀失败。公元前218年和公元前216年，秦始皇经历了第三次和第四次刺杀。此后，虽然秦始皇受到很好的守护，但他比以前更畏惧死亡。

公元前219年，有个名叫徐福*的男人提出要为秦始皇找到仙山。但是他需要一群孩子陪同，因为只有他们能看到仙山。在秦始皇的支持下，徐福和3000名童男童女起航去寻找有仙人的群岛，相传那里到处闪着白光，宫殿是用黄金和白银做的，树上生长着宝石。那里没有痛苦，也没有寒冷的冬天，饭碗和酒杯永远不会空着，而且生长着那些让人长生不老的仙草。可惜，这次出海并没有找到传说中的仙山。

失败并没有使秦始皇气馁。公元前215年，他准备了第二支出海队伍，由三名官员组成，不过他们也毫无收获。出海寻找仙山的人们向秦始皇报告说，巨大的鲸鱼阻挡了他们前往仙山的路。但是，秦始皇仍没有因此放弃。公元前210年，秦始皇下令进行第三次出海，第三支出海队伍由徐福率领，然而船只和所有船上的人在出发后就失去了踪迹，传说他们后来在日本定居。这终于让秦始皇妥协了，因为在他看来，这些仙山被野生凶猛的鱼类守护着，是无法到达的。

相传野生的鱼类守护着仙山

长生不老药

由于无法到达仙山,秦始皇开始向懂仙术的医生、江湖郎中和术士寻求长生不老的建议。这些人带着草药、稀有的仙丹和神秘的药方从帝国各地涌向皇宫。他们的长生不老药由金、汞、玉、硫和朱砂制成。据说因为这些物质的性质很难改变,所以也可以使身体不老和不朽。相信奇迹的皇帝毫不犹豫地服用了这些药。但是他很可能因此中了毒,尤其是丹药中的汞,对神经系统有损害,使得他后来变得体弱多病、猜忌多疑,有人甚至觉得他疯了。

秦始皇还命人谱写关于永生的歌曲,并且自己领唱。公元前212年,有个算命先生声称,皇帝必须躲避来自邪恶嫉妒的灵魂的影响,因为这些灵魂想要阻止他变得跟神仙一样。这次,秦始皇又信了他的话,下令在皇宫下面挖地道,并与外界隔绝,谁要是泄露他的住处,就会被处死。

在理智和疯癫之间

从今天的视角看,秦始皇在统一中国时表现出来的英明和理智与他寻求长生不老时表现出来的疯狂和执迷之间似乎存在着很大的矛盾。然而在当时,像他一样狂热地追求永生的人有很多。在他那个年代,渴望获得永生的做法并没有什么不寻常的。

用沸腾的炼丹炉炼制各种长生不老药

秦朝的衰落

秦始皇巡游天下

最后一次巡游

为了了解帝国,秦始皇多次长途巡游。公元前210年,他巡游到了中国东部沿海一带。他伫立在海边,眺望着大海,渴望看到传说中守护永生岛的凶猛鲸鱼。

回程途中,秦始皇在沙丘得了重病。也许是由于多年来他一直在服用的长生不老药使他慢性中毒,而现在,这些药要了他的命。他用尽最后的力气,口述了一封信给聪明勇敢的长子扶苏。之前,由于扶苏为儒家弟子求情,秦始皇派他去北方修建长城。在信中,秦始皇命令他:

以兵属蒙恬*,与丧会咸阳而葬。
(译者注:把你的军队托付给蒙恬,到咸阳把我安葬了吧。)

秦始皇的意思很可能是让扶苏做他的继承人。由于通常用来密封秦始皇信件的印章留在了都城咸阳,巡游时没有带在身边,奄奄一息的秦始皇把没有密封的信交给了他亲信的宦官赵高*。这是一个错误,因为这样一来,赵高就可以轻易地看到信的内容了。这之后不久,也就是公元前210年7月,秦始皇在沙丘驾崩,享年49岁。只有赵高知道遗诏的内容,而他却把遗诏藏起来了。

赵高悄悄把秦始皇的遗诏藏在了袖子里

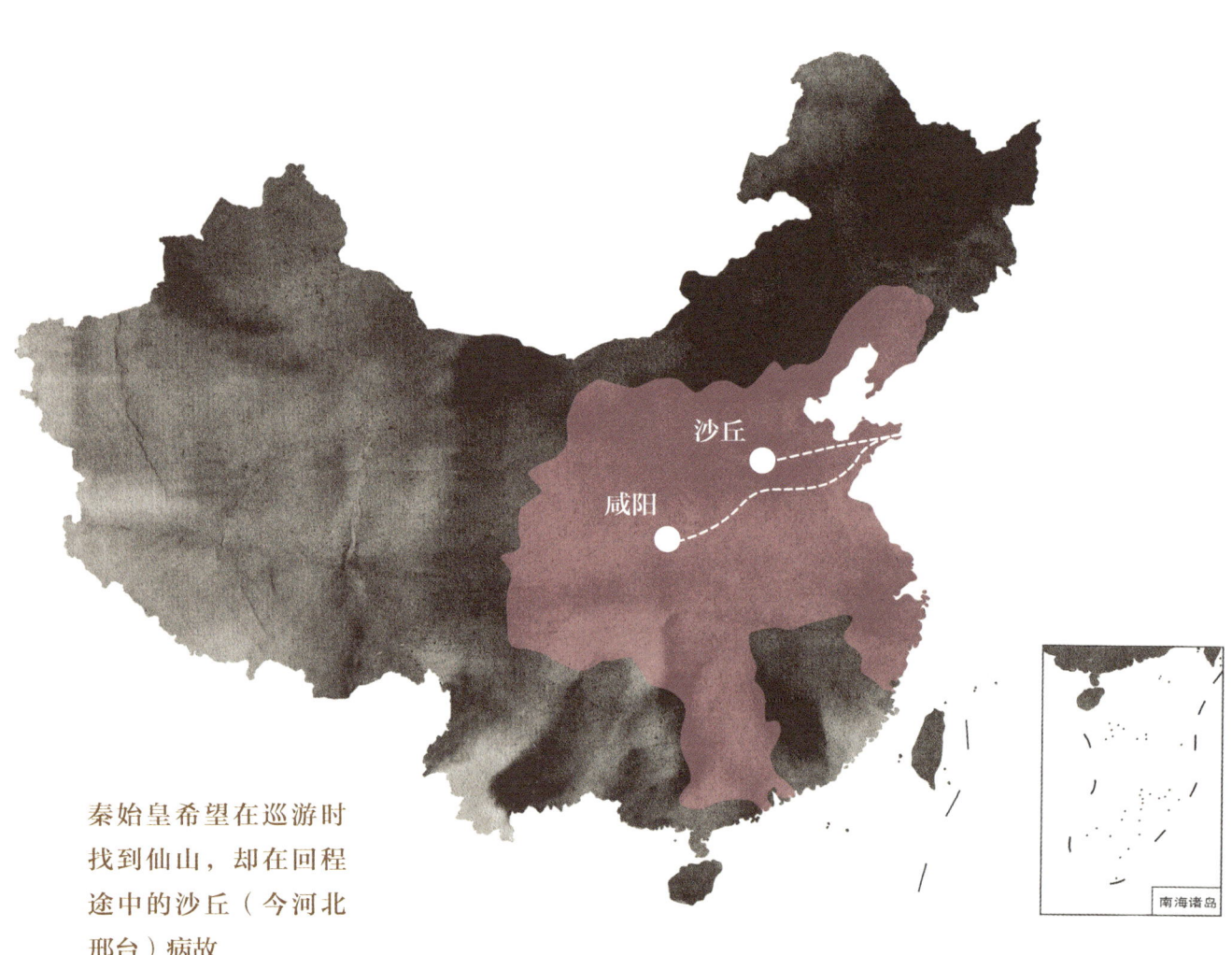

秦始皇希望在巡游时找到仙山,却在回程途中的沙丘(今河北邢台)病故

恶臭之中

李斯、赵高和秦始皇最小的儿子胡亥决定，返回都城之后再发布秦始皇的死讯，以防在新皇帝登基前爆发起义，因为当时被镇压的贵族力量仍然很强大。他们命令守口如瓶的侍从照例往皇帝的车里递送饮食。此时正赶上盛夏时节，尸体不久就腐烂了。为了掩盖尸体的腐臭味，皇帝的巡游车后面还跟着一辆马车，车上装满了有腥臭气味的鲍鱼，让人们分不清尸臭和鱼臭。

赵高本人也渴望权力，他想让软弱无能的胡亥而非强健聪明的扶苏继承皇位。扶苏虽然是长子，但没有遗诏，他就无权登上帝位。当赵高向胡亥透露这一意图时，胡亥起初感到震惊，因为越过长兄让小弟做皇帝是不合法度的。为此赵高还责骂他优柔寡断、胆小如鼠。

接着，赵高把他的计划告诉了李斯，然而李斯也反对废黜扶苏。但赵高还有一张王牌——他提醒李斯，扶苏曾在焚书之时反对惩罚儒生，如果他当了皇帝，就必定想获得儒生的忠心，而曾经给予儒生严酷刑罚的李斯会因此被追究责任，剥夺权力。这个理由很有说服力，使得李斯勉强同意了。胡亥也对此表示赞同。

赵高野心勃勃的秘密计划得逞了。本来的皇位继承人扶苏收到了一封伪造的秦始皇的信，信中说：

今扶苏与将军蒙恬将师数十万以屯边，十有余年矣……无尺寸之功……扶苏为人子不孝，其赐剑以自裁！

（译者注：扶苏和蒙恬将军率领几十万士兵巩固边防已经有很长时间了，但扶苏却没有立下任何功绩。虽身为皇子，行为却不符合孝道，为此，赐你剑自刎。）

扶苏见信大哭。他知道自己没有过错，他和骁勇善战的蒙恬将军一起，率领30万士兵修筑万里长城，成功抵御了中亚草原游牧民族骑兵的袭击，保卫了北部边境。但父命难违，他在绝望中结束了自己的生命。

在这期间，李斯和赵高回到了都城。他们一得到扶苏自刎的消息，就把秦始皇的死讯昭告天下，并宣布胡亥为秦始皇之后的第二个皇帝，即秦二世。

胡亥的第一道政令是加重人民的徭役和税收。他把法令修改得更加峻刻，实施了更加严苛的刑罚。人们的生活从此变得死气沉沉，不久就爆发了第一次起义。

扶苏以剑自刎

不断的起义和李斯的死亡

公元前206年,也就是帝国统一15年后,做着千秋大梦的秦王朝灭亡了。要是依照秦始皇的遗愿,让聪明的扶苏继承皇位,也许这个王朝就不会这么早覆灭了。但这种假设是没有意义的,登上皇位的不是扶苏,而是喜怒无常、好听谗言的胡亥,他只对享乐、美酒和美女感兴趣。

由于胡亥不断增加本来就很重的税收和徭役,国家已经危在旦夕。

一批必须去服徭役的农民由于阴雨连绵的天气而耽误了行程。他们在绝望中决定,与其因为到达的日期延迟而遭受刑罚,还不如聚众起义,替天行道。于是这些人聚集到一起,共同举事。不久,整个国家都爆发了骚乱,曾经被剥夺权力的贵族组建起了新的军队,而秦朝的许多将军都投奔了他们。

此时在首都咸阳,一场权力斗争正在进行。赵高把所有权力抓在了自己手中,把李斯关进了监牢。酷刑之下,李斯屈打成招,说他曾密谋造反皇帝。公元前208年,李斯被处死。

沉湎于骄奢淫逸的胡亥

汉朝的开端

凭借赵高的阴谋诡计，无能的胡亥才登上了帝位。有一个未经证实的观点是，赵高想为自己的故国赵国遭受的残酷掠夺复仇，所以才会让秦朝一步步走向衰落。

公元前207年，赵高逼迫醉酒的胡亥自杀。然而，作为宦官，他自己不能登上皇位，于是提出让皇室成员子婴*做胡亥的继承人和秦朝第三个皇帝。不过，子婴可不是任人摆布的傀儡，他一眼就看穿了这个把戏。现在，赵高敲响了自己的丧钟，子婴处死了他。但是，这对于挽救秦朝来说，已经太晚了。起义者已经整编成军队，攻占了都城。他们杀死了子婴，并把整个都城付之一炬。

同样被烧光的还有皇室藏书殿和那些在秦始皇大规模焚书过程中保留下来的书籍孤本。

战争再次打响，起义军中一个叫刘邦的领袖成了最终的胜利者。刘邦作为开国皇帝登上了帝位，建立了汉朝，汉朝在公元前202至公元220年期间统治着帝国。传说汉朝的人民被异族称为汉人，久而久之，由于多个少数民族对汉王朝的臣服，汉人就指代了在中原生活的人。因此，直到今天，大部分中国人仍为汉族人。

起义者把都城烧毁

秦始皇陵和兵马俑

坟丘

公元前206年，起义者破坏、洗劫并烧毁了秦始皇的陵墓。据说，火光冲天长达三个月。因此，直到1974年，考古学家才发现了坟丘的所在地，而它的深处正是地宫。历史学家司马迁描写地宫的片段很有名，他是这样写的：

宫观百官奇器珍怪徙臧满之。令匠作机弩矢，有所穿近者辄射之。以水银为百川江河大海，机相灌输，上具天文，下具地理。以人鱼膏为烛，度不灭者久之。

（译者注：修造宫殿，设置百官位次，把珍奇器物、珍宝怪石等搬了进去，放得满满的。命令工匠制造由机关操纵的弓箭，若有人挖墓，一走近墓室就能射死他。用水银做成江河大海，用机器递相灌注流通，顶壁装有天空和星辰，地面模拟国土疆域。以人鱼膏当蜡烛照明，以求经久不灭。）

如果司马迁所言不虚，棺材就放在按照天和地的样子制作的地宫中间。

陵墓也遭到了破坏

1974年

坟丘地带的土地一度被用于农业。1974年,当地农民想挖一口井,他们在挖掘时突然在地底下碰到了一个空穴,接着又挖出了一个陶俑的头。他们起初很害怕,认为是打扰了鬼神,于是把出土物品呈交给文物管理者。据说,为了表彰他们上交文物的行为,每个人得到了一辆新自行车作为奖励。之后考古学家开始挖掘、抢救和修补,并一直工作到今天。被农民们发现的秦始皇兵马俑的照片传遍了世界。

考古学家在发掘地工作

真实规模

迄今,考古学家仍在研究坟丘周边区域。陵墓并不像1974年人们所认为的那样,只是由坟丘和地宫组成。相反,它是环绕着坟丘的一个面积56平方千米的巨大设施。陵墓的整体规模稍小于美国纽约市的曼哈顿,约有8000个足球场那么大。

在坟丘四周发现了很多地下宫殿

陵墓

人们早就知道秦始皇陵有地宫，但至今仍未打开过它。那里面真的有用水银仿照江河湖海制作的景物吗？经过外部测量，坟丘中的水银含量事实上比周围其他地方要高10倍。不过，考古学家还是没有开启坟墓，因为还未找到真正安全的办法，能够毫无损害地抢救和保护那些经推测应该会有的珍宝，如古代书简、丝织品等等。

无论如何，还有很多事情可以做。据估计，陵墓迄今只有四分之一的部分揭开了面纱。时至今日，单是兵马俑就仍未得到彻底的挖掘和修复。

现在人们能够肯定的是：环绕着坟丘的是内宫墙和外宫墙，它们都有几千米长，呈矩形。这些墙高达8米，在侧面各有80米宽的城门。

在内宫墙的里面有一座用来祭拜秦始皇的庙宇，这也是不同寻常的。因为根据传统，皇家庙宇本应建造在距离都城咸阳约50千米的地方。庙宇中，侍从每天为秦始皇献上四顿餐饮供品。庙里的庙祝、御厨、卫兵和宫女居住在陵墓里专门的区域。他们在庙宇中为侍奉死者献出了自己的一生，要是陵墓不曾遭到起义军的破坏，他们本可以在内宫墙里面专门的墓地中找到自己最后的长眠之地。

在坟丘的外围，考古学家发现了很多地下宫殿和陪葬品。

陪葬品

在中国古代有一种习俗，凡是死者生前喜欢和需要的东西，亲属应当把它们作为陪葬品留在死者的坟墓中。传说中，这样会让死者感到满意，不再变成充满仇恨的鬼魂回来报复。在远古时期甚至要杀掉人和牲畜来陪伴死者。后来，人们不再用人和牲畜陪葬了，但还是会把死者贵重的财宝埋到坟墓里。不过，这些财宝也吸引了盗墓者的注意，于是，这之后死者的亲属只会在坟墓里放置仿制品，这就是所谓的明器*，如做成人、牲畜、家宅、武器和工具样子的小陶器之类。出于一种希望，人们相信，这些仿制品到了死者所在的阴间就会变成真正可以使用的东西。

作为陪葬品的骑兵俑

用于阴间生活的纸钱

在中国，每逢四月初就会过祭奠死者的清明节*。民间信仰认为，在这一天，那些仿制品和明器就会变成真的，并直接到达阴间。如今，人们把明器烧掉，想象它们变成真品（这也节省了空间）。因此，明器都是由昂贵、华丽和精致的厚纸板和纸张制作的。现在，人们除了给死者烧纸钱*外，还会烧纸做的平板电脑和智能手机。不过，当下为了保护环境，这一民间风俗在慢慢被取缔。

未解之谜

由于秦始皇曾统治华夏大地,所以安放他棺材的宫殿便是仿照这个世界的样子建造的,这是中国古代著名的历史学家司马迁的说法。除了停放棺材的宫殿,在坟丘周围还有很多地下宫殿。它们以交错的墓道相互通达,构成了一组宏伟的地下宫殿群,这里保存了一切供死后的皇帝享用和消遣的东西。不过,后人至今仍无法理解为什么一心寻觅长生不老药的秦始皇却为自己修建如此宏大的一座皇陵。

青铜天鹅

地下宫殿

很多地下宫殿里都有小型的侍者和女仆陶俑。有些宫殿里还有真正的野兽和野鸟的骨架,伴之以青铜制的项圈和陶土制作的饲料槽。考古学家们还在两个宫殿中发现了马的骨架,在一座地下宫殿里发现了站立着的杂技演员和官员的陶俑,在另外一座宫殿中找到了大量石灰石质地的、用于制作兵马俑铠甲的小块陶片和头盔。

除此之外,一个宫殿里还被发掘出了仿造的池塘以及和实物一样大小的青铜制鸭子、天鹅和鹤。也许在这里,死去的皇帝可以休憩。

用石灰石制作的铠甲

青铜车马

在墓穴中7米多深的地方,考古学家发现了两辆小车,每辆车有四匹马和一个车夫,它们全都是用青铜制作的。两个车夫和八匹马都保存尚好,只是马蹄有些残缺。不过,传说供皇帝的灵魂出行的这两辆小车却裂成了碎片。在没有任何参考资料的情况下,经过长年累月辛苦而细致的工作,修复者们又把这些复杂的碎片拼装成了一个整体。

四马铜车

兵马俑

在坟丘以东1.5千米处有一个举世闻名的大发现。它们是一组宏伟的宫殿群,直观地说,是一些大土坑。在里面站立着兵马俑,包括至少7000名士兵、600匹马和100辆战车。

由于只有一部分兵马俑得到了修复,人们暂且只能做一些粗略的估计。士兵和马匹比较

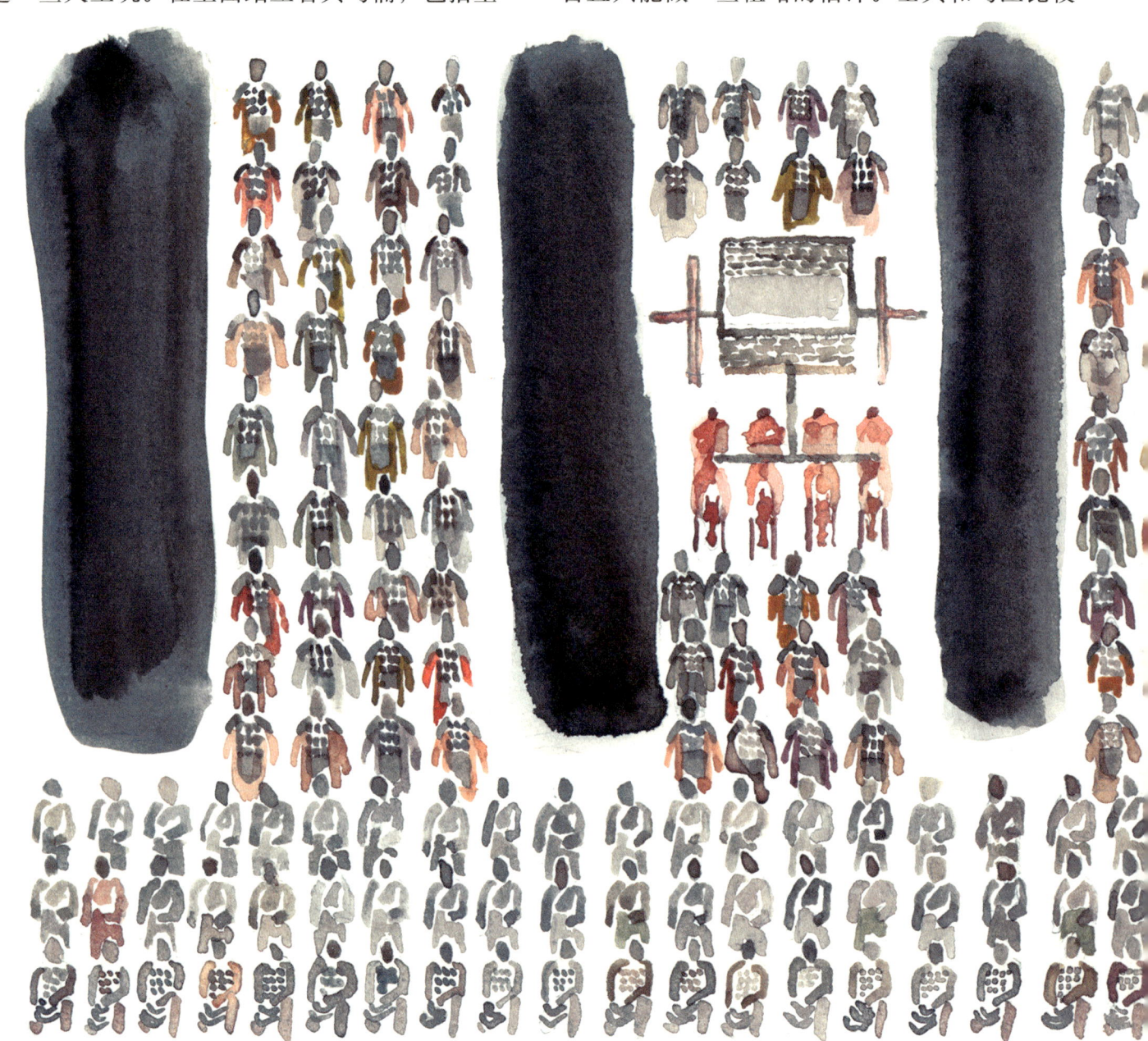

秦始皇的陶俑雄师

高大，每一个士兵都有约1.85米高，因此看起来甚是雄伟。

2012年6月，有报道称，又发现了100个兵马俑，它们不但保存完好，而且还带有彩绘。

兵马俑坑

凭着战无不胜的军队，秦始皇统一了中国。他还让一支全副武装的地下"军队"来守卫他的陵墓。兵马俑站立在一个个大坑中，为了防止它们受损，目前在兵马俑坑上面搭设了一个顶棚。兵马俑都面朝东方，好像它们预料到那里会有敌人出现一样，它们被用来抵御敌人，保卫好它们身后的陵墓。

兵俑被分配在不同的坑道中。一号坑长230米，宽62米，有11条过道。这里是主力军队。弓弩手位于前后几列和侧翼，中间是呈战斗队形的轻重步兵。

二号坑位于一号坑北侧20米开外的地方，东西最长处长96米，南北最宽处宽84米。这里有弓弩手、轻重步兵、战车和骑兵。

三号坑呈马蹄形，只有大概500多平方米。这里停放着由四匹马拉着的战车。战车上有一名高级将领、一名车夫和两名持长柄兵器的士兵。紧随车后的是一个由64名身披铠甲的侍卫组成的卫队。这里还有动物的四肢和鹿角，大概是在打仗前用于祭祀的供品。

四号坑是空的。

挖掘坑道

坑的修筑

每一个坑都需要从地面挖出一个5米深的洞穴。地面被夯实后又铺砌了砖瓦。为了修筑坑与坑之间高3米、厚2.5米的墙壁，需要把泥土用木头模子夯实了以后再抬高。隔墙把坑的内部空间分成了一个个通道，每条坑道的入口处都有一个斜坡，坡上有车轮的轧痕。据此推测，制好的陶俑是用车子运进坑里的。等所有这些东西都各安其位后，入口处的斜坡便被用木质立柱、苇席和夯实的泥土掩埋起来。

接着，长长的木梁被搭在隔墙上，梁上又铺上用竹子和秸秆编成的席子，然后再用一层厚厚的砂浆封好，最后再在这之上覆盖3米厚的泥土层。这使得整个结构高出地面好几米，招致了灾难性后果。

当起义者在公元前206年破坏陵墓时，他们也将兵马俑坑变成了一片火海。火焰烧毁了很多顶梁，这些木梁倒塌之后砸碎了兵俑。在几百年里，更多的顶梁朽坏、倒塌，砸碎了更多的兵俑。这些兵俑被发现时，每一个都有损伤。因此，修复工作还要进行数年。

受损兵俑

兵马俑的制作

两千多年前,兵马俑是在工场里被组装的,但大多数在组装时就被打碎了。兵俑是中空的,由七个部分组成:足踏板(身体在上面站着或跪着)、双脚、双腿、躯干、双臂、双手和头颅。

每个身体部位的陶土先是在一个模子里被雕刻好,然后被放进窑内烧制。成型的部位被扣在一起,进行套接和接榫。单单头部就使用了十多个不同的模具,其中,一半用于头的前部,一半用于头的后部。另外,还有若干模具用于鼻子、眉毛、耳朵和髭须等细节的制作。所以,尽管每一个俑头都是用模具加工的,但是由于组合多种多样,组装出来的形象也就各不相同,每一个都呈现出个性化的特点。最后,匠人会在兵俑的面部手绘纤细的线条。

每个兵俑由七个部分组成

马俑的头部是用两个模具制作的,并添上了手工制作的下唇。马尾、马鬃和马耳朵是分别制作好后安装上去的。所有这些都是在低温条件下烧制的。

这真是一项不可思议的庞大工程,因为大量制作这样精致的兵马俑需要极高的技术水平和极好的组织。此外,制作过程的保密也须达到极高的水平。

陶土制作的马

颜色

起初，兵马俑中的兵俑是用矿物颜料涂成彩色的。它们的头发是黑色的，脸是皮肤的颜色，身披带有红色花边的棕、黑、红相间的铠甲，穿着绿、蓝、紫相间的战袍和裤子，戴着棕白相间的冠，下颌还系着一条从冠上垂下的红紫相间的带子。兵俑身上的矿物颜料是涂抹在漆层上的。

当考古学家发掘兵俑的时候，他们才了解到，紫外线和干燥的空气会让彩色的漆层在几秒钟之内产生裂缝，在几分钟之内向上卷曲，然后完全脱落。这一发现让考古学家惊恐不已。最终，修复专家和化学家发现，涂抹聚乙二醇（PEG）溶剂可以使矿物颜料保持黏附的状态。此外，慕尼黑大学的一位化学教授还研发了一种电子射线固化工艺，可以让颜色保持不褪。现在，慕尼黑大学的科学家和中国的考古学家一直保持着密切合作。

借助电子射线固化工艺来保持颜色

作战

兵俑的布局和装备向我们展示了真正的秦国军队是如何作战的：主帅马车上的第一通战鼓擂响，军队开始移动。第二通战鼓是命令军队进攻，弓弩手在队伍前方或立或跪，他们的箭矢可以飞几百米远，射穿敌人的铠甲。

排列在弓弩手之后的是轻步兵。

呈跪姿的弓弩手（无武器）

步兵

战车冲散了敌阵

步兵蜂拥向前，拿着长矛撂倒敌人的战马。战车紧随而上，在敌人的队伍里横冲直撞。

接下来是重步兵的大纵队，他们身着铠甲保护自己，手执剑、矛或戈*等武器。

在左右两翼和后方布有弓弩手，他们掩护着主力队伍。这样一来，主力队伍便可以成封闭阵形向前推进，他们也可以迅速做出变换，从侧翼或者正面展开进攻。一旦敌人逃跑，骑兵就可以进行追击。当主帅马车鸣金的时候，军队就不再向前；第二次鸣金的时候，军队就会撤退；第三次鸣金的时候，他们就会结束战斗。

兵器

如今，虽然兵马俑都是两手空空，但手的姿势表明，它们一度拿着兵器，而且是真的兵器。因为考古学家在三个兵马俑坑中发现了10000多件兵器（箭镞也计算在内），几乎所有兵器都是用青铜制成的，只有少数是铁制的。既然大部分兵器都被起义军洗劫了，那么最初它们一定是多得不计其数的。所有被发现的兵器无一例外都有抛光的表面，并且经过了精密的加工。秦始皇时期的中国是当时世界上的军事大国和工艺大国，因此兵器质量不用怀疑。兵器的种类包括飞行兵器、砍杀兵器和捅刺兵器。

剑

考古发现的剑都是用青铜制作的，长一米。没有一把剑因风化而受损（生锈），并且它们如今还非常锋利，可以轻易削断头发。

青铜是一种合金，是铜和锡的混合物。锻造兵器的人在混合这两种金属的时候，就已经考虑到了该如何使用合金。那么如何使剑在达到一定硬度的同时还保持柔韧性呢？他们在剑背加入了少量的锡，这让剑变得既结实又有韧性。他们还在剑刃处加入了较多的锡，这让剑尖虽较脆，但也变得非常坚硬和锋利。通过铬化处理，由铬盐化合物形成的涂层可以防止剑的风化。欧洲掌握这种工艺远远晚于秦朝。

戈

戈是典型的中国兵器，欧洲并没有这种兵器。它呈T形，有一个弯曲的直角刀口，里面的刀刃被打磨成了镰刀的形状。在近距离战斗中，重步兵会把戈和盾一起使用。

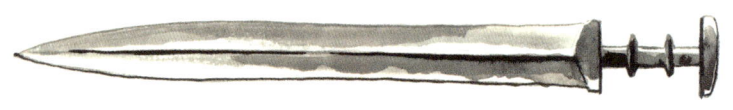

剑

弩

在进攻时,弓弩手被布置在军队的外围,他们或立或跪,这样就不会妨碍彼此,从而不间断地射击。弩的青铜扳机设计得非常巧妙,在射击之后,扳机就会回复原位,这样新的箭镞就可以立刻被装上和射出。这种设计是为了使箭镞能连续不断地落到敌人头上。镀铬的青铜箭镞是三棱形的,受到的空气阻力几乎和子弹一样小。制作扳机所用的青铜是由锡、铅和锌混合而成的,目的是增强硬度。这种武器简直就是古代的机关枪!

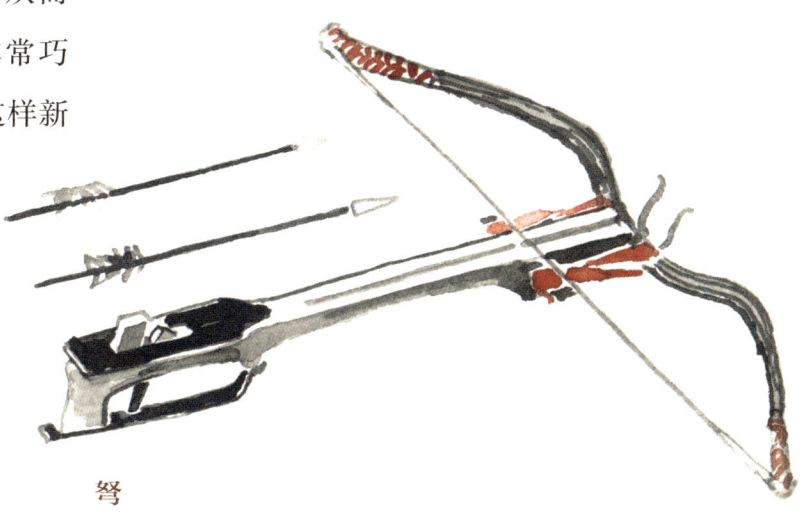
弩

长柄武器

长柄武器主要是矛。矛有一个木柄(它在2000年后已经腐烂了),上端有一把短剑,短剑两边的刀口都被打磨得非常锋利。长柄武器被用来刺杀和砍杀。不同寻常的锋利刀口,再加上很强的刺捅效用,使其成为最有杀伤力、使用最广泛的兵器之一。制作它的零件需要专门的制作部门。在欧洲,瑞士的长矛和中国的矛非常相像。

长柄武器

长枪

作为最古老的中国兵器之一,长枪是一种危险的捅刺兵器。它既可以抵御敌方骑兵驾驭的马匹,又可以在军队向前推进时作为进攻武器来使用。长枪的木柄最长可以达6米。

长枪

殳

秦始皇陵中还发现了殳(shū)。在三号坑中,人俑的发髻样式不同于其他士兵,这表明它们是高级军官,它们携带的兵器便是殳。殳是一个有三棱尖端的青铜筒,但它似乎更多的是作为权力的象征和权杖,而不仅是兵器。

殳

不朽的传奇

帝国的奠基人本应得到至高的敬仰，但中国人在很长一段时间里都不愿意提及秦始皇。尽管毛泽东曾称赞过他，但这似乎也没有提高他的威望。对于从秦朝灭亡到1911年之间影响中国的儒家知识分子来说，秦始皇一直是一个暴君，他们从来没有原谅过他的焚书行为。甚至在中国的民间传说中，秦始皇也是个大恶人。一个关于孔子的传说讲述了秦始皇是怎么造访孔子墓的：

秦始皇来到孔子墓后，他掘开坟墓，走了进去，发现在墓室中有一双鞋子。他穿走了鞋子，拿走了靠在墙上的手杖，又离开了墓室。这时，他发现有一块板，上面写着：

"秦皇生，六国丧，掘吾墓，据吾床，窃吾履，执吾杖，尔至沙丘亡。"

秦始皇看后大惊失色，命人又关闭了墓地。但当他来到沙丘时，突然患了重病，并死在了那里。

在这个民间传说中，尽管睿智的孔子已经去世了，但他还是准确预言了秦始皇的命运。

真实的历史是这样的：在秦始皇驾崩八年后，新王朝汉朝掌握了政权，儒家思想逐渐成为正统思想。尽管如此，无论是汉朝的皇帝，还是以后各朝代的皇帝，都没有从根本上改变秦始皇创立的帝国机构和管理方式，他当时创立的东西几乎都被保留下来了。

那么今天的我们是如何看待秦始皇的呢？如今，来自世界各地的人们都来到西安看他的兵马俑。即便秦始皇没有实现长生不老的梦想，他的兵马俑最终也让他成为不朽的传奇。

附录

词汇表 （按相对应的汉语拼音首字母进行排序）

半两　在秦始皇领导的货币改革中推广的铜币。它是秦始皇统治的帝国里一种统一的支付手段。铜币的中间有个正方形的孔，方便人们串起来随身携带。

兵马俑　字面意思是"士兵与马匹的塑像"。它位于秦始皇下令为自己建造的华丽的陵墓旁。除了用陶土制成的战车和马匹，还有约7000名用陶土制成的战士，作为殉葬品陪葬。这支雄伟的军队至今仍没有完全挖掘出土。

朝代　建立国号的君主（一代或若干代相传）统治的整个时期。

法家　先秦诸子百家学说之一。与儒家思想不同，法家坚信法律在规范人类社会秩序中的意义。在秦国和秦始皇统治的帝国，法家思想占统治地位。但是，其他诸侯国以及后来的其他朝代都推崇儒家思想。

封地　在分封制中，皇帝在一定条件下将土地和财物的使用权分封给其他人。比如周王将土地使用权分封给诸侯。

扶苏　中国第一位皇帝（秦始皇）的长子。秦始皇死后，原本应由扶苏继承皇位，但扶苏遭宦官赵高和丞相李斯陷害而自杀。

戈　又称平头戟，在公元前几千年前就已经作为兵器使用，它是中国从商朝到汉朝的常用兵器。戈由木头或金属制成的长柄和装在其上方的匕首样式的刀片构成，它作为武器主要用来进攻敌方的头部和喉咙。

胡亥　生活在公元前229年至公元前207年间，是继秦始皇之后中国的第二位皇帝，因此人们也称他为秦二世。然而，他之所以能得到皇位是因为他伙同赵高和李斯逼死了本应成为皇帝的长兄扶苏。胡亥根本不是一位称职的皇帝，由他父亲建立的秦朝被断送在他的手上。

荆轲　战国时期卫国的一名刺客。中国的第一位皇帝秦始皇在一生中遭遇过四次行刺，荆轲是第一位行刺者。他曾游历到燕国，替燕国太子去刺杀秦始皇。燕国在秦始皇统一六国时被灭。

吕不韦　生活在约公元前292年至公元前235年间。他是秦始皇家族的朋友。秦始皇的敌对势力造谣吕不韦名为丞相，实为秦始皇的生父。吕不韦因为事态的进一步恶化最终自杀。

蒙恬　秦朝将军，以对抗匈奴的战争和他在修筑万里长城中表现出来的组织能力而著称。公元前210年，受到陷害，自杀身亡。

明器　古代人们下葬时带入地下的随葬器物，一般用陶瓷木石制作，纸钱也是明器的一种。

秦始皇　原名嬴政。中国的第一位皇帝。秦国是他的家乡，在战国时期，秦国是各国中最强大的诸侯国。他使其他国家臣服，并由他统一领导。从秦朝起，新的帝国被称为"中国"。

清明节　中国人追思逝者的节日，中国人会在冬至后的第106天过节。它本是一个代表春天和繁育的节气，但随着时间的推移成为祭祀祖先的节日。家庭成员去扫墓时带着祭品（明器）和冥币（纸钱），随后把它们烧掉。

儒家思想　先秦诸子百家学说之一，由孔子创立。孔子是中国最重要且最著名的哲学家之一，生活在约公元前551年至公元前479年间。他的哲学核心思想是"仁"，儒家弟子对孔子的学说进行了补充。儒家的哲学思想还重视榜样的力量。孔子相信人性本善，为了维持这种"善"，社会需要好的榜样和适当的教育，这样就能保证人类有序共存。与法家不同，儒家思想并不重视法律。周王朝早期的礼乐制度是儒家思想所倡导的。

商鞅　原名卫鞅，战国时期著名的政治家，生活在约公元前395年至公元前338年间。在他的率领下，当时的秦国严格按照法家学说进行改革。此外，他废除了分封制（封地），实行二十等爵制（一种奖励军功、鼓励杀敌的军功爵禄制度）等。这些举措使秦国成为战国时期最强大的国家。

司马迁　中国著名的历史学家，生活在西汉时期，编撰了时间跨度达3000年的纪传体史书——《史记》，一共有50多万字。

天子　中国皇帝的另一个称谓。古代中国人相信，皇帝是受了上天的委托来管理人间事务的。

万里长城　起初它是边界的防御工事，用来阻止北方游牧民族入侵中原。在2000多年里，长城被不断扩建，历代长城总长度为21196.18千米。但是它不是一座延绵不断的城墙，准确地说，它由近44000个部分组成。1987年，长城被联合国教科文组织列入世界文化遗产名录。

咸阳　战国时期秦国的都城，后来成为秦统一后帝国的首都。

小篆　这种字体在战国时期就已经开始使用，但在当时每个诸侯国的文字不尽相同。秦国统一后，小篆成为全国通用的字体。

徐福　又名徐市(fú)。秦始皇派他去寻找传说中八仙居住的岛屿，因为秦始皇相信那里能找到长生不老的仙草。然而徐福有去无回。

战国时期　公元前475年至公元前221年间极其混乱的时期，统称为战国时期。早在周朝的国王周武王的统治期间就有众多诸侯，然而诸侯也想执掌政权，因此互相征战不断。从某个时期起，这些诸侯直接自封为王，要求霸主地位。经过几个世纪的战争，秦国获得了最终的胜利。公元前256年，周朝正式灭亡。公元前221年，秦始皇结束了诸侯割据的局面，建立了统一的帝国。

赵高　秦始皇手下的宦官，帮助秦始皇的幼子胡亥登上皇位。他和李斯一起陷害秦始皇的长子扶苏，使其自杀身亡。因为赵高想要控制朝廷，他认为相比于强硬的扶苏，胡亥更能听他摆布。

纸钱　一种陪葬品，属于冥器。它是逝者在阴间所用的货币。纸钱用纸制成，在清明节扫墓时会被烧掉。

周朝　公元前1046年至公元前256年的一段时期，是中国历史上存在最久的朝代。周武王姬发是周朝的第一位统治者。

诸子百家　春秋战国时期不同学术流派的总称。诸子百家包括儒家和法家等。

子婴　秦始皇家族的后人。宦官赵高为了更好地摆布皇帝，帮助秦始皇的幼子胡亥登上皇位，胡亥死后，他又扶持子婴登基。子婴是秦朝第三任皇帝，称为秦三世。子婴识破了赵高的动机后处死了他，但子婴本人也很快被起义军杀害，至此，秦朝灭亡。

参考文献

Patricia Buckley-Ebrey, China: eine illustrierte Geschichte, Frankfurt 1996. Aus dem Englischen von Udo Rennert.

Chinesische Volksmärchen, übersetzt und eingeleitet von Richard Wilhelm, Jena 1921.

Roberto Ciarla (Hg.), Krieger für die Ewigkeit, Vercelli 2011. Aus dem Italienischen von Inge Uffelmann.

Arthur Cotterell, Der Erste Kaiser von China, Frankfurt 1981.

Arthur Cotterell (Hg.), Mythologie. Götter, Helden, Mythen, Bath 2004. Aus dem Englischen von Heinrich Degen und Helmut Ross.

Time-Life-Bücher (Red.), Das glanzvolle Reich der Mitte, Amsterdam 1994.

Wolfram Eberhard, Geschichte Chinas, Stuttgart 1971.

Hans van Ess, Die 101 wichtigsten Fragen – China, München 2012.

Christopher Hibbert, Die Kaiser von China, München 1982.

Lothar Ledderose u.a. (Hg.), Jenseits der Großen Mauer. Der Erste Kaiser und seine Terrakotta-Armee, München 1990.

Monique Nagel-Angermann, Das alte China, Stuttgart 2007.

National Geographic, Deutschland, Juni 2012, Die bunte Truppe. Chinas sagenhafte Terrakotta-Krieger, S. 60–85.

Sima Qian, The Fist Emperor. Selections from the Historical Records, Oxford University Press, New York 2007. Übersetzt von Raymond Dawson.

Michael Strähle, Bücherverbrennungen und Zensur im alten China und ihre Folgen. In: Mitteilungen der Vereinigung Österreichischer Bibliothekarinnen & Bibliothekare, 56/2003 Nr. 1, S. 41–47.

Die Welt, 1.6.2012, Top Five der Welterbestätten. Abgerufen bei Welt Online am 13.06.2012.

Frances Wood, China's First Emperor and his Terracotta Warriors, New York 2008.

Angela Köckritz, Ausgrabungen: Flüsse aus Quecksilber, ZEIT Online vom 29.6.2011. Abgerufen am 9.11.2011.

Der Kaiser und sein Attentäter, Regie Chen Kaige, VRC/F/J 1999.

Hero, Regie Zhang Yimou, VRC/USA 2003.

Wenn das Traumhaus in Flammen aufgeht, Frankfurter Allgemeine Zeitung vom 4. April 2012, S.14.

图片来源

中国的第一位皇帝——秦始皇，第6页：Wikimedia Commons/Hardwigg，2012年4月6日。

盘古神，第9页：三才图会，王圻（1529—1612）编，1607年。来源：英属哥伦比亚大学亚洲图书馆。Wikimedia Commons/Deadkid dk，2007年11月22日。

孔子，第11页：Confucius（水粉画），1770年。来源：The Granger Collection，纽约。http://www.britannica.com/eb/art-75120/Confucius-gouache-on-paper-1770?articleTypeId=1. Wikimedia Commons/Cold Season，2012年4月9日。

商鞅，第15页：作者个人收藏。

司马迁，第20页：Porträt von Sima Qian，Zaza Press. Wikimedia Commons/Guss，2008年5月25日。

老货币和新的通用货币，第29页：作者个人收藏。

作为陪葬品的骑兵俑，第65页：骑着鸡马的士兵（赤陶，士兵或许并不属于雕像的一部分），前500—前470年，底比斯。来源：卢浮宫。Wikimedia Commons/Marie-Lan Nguyen，2009年6月30日。

用于阴间生活的纸钱，第65页：作者个人收藏。

石灰石制作的铠甲，第66页：Shutterstock/Craig Hanson，图片编号44222800。

青铜天鹅，第66页：秦青铜天鹅，中国秦朝，现藏于西安市秦始皇帝陵博物院（这张照片是Georges Jansoone在比利时马塞克市的一次展览上拍摄到的）。Wikimedia commons/JoJan，2009年1月28日。

秦始皇的陶俑雄师，第68—69页：作者个人收藏。

受损兵俑，第71页：Shutterstock/Bob Cheung，图片编号14720572。

陶土制作的马，第73页：Shutterstock/Craig Hanson，图片编号3819154。

呈跪姿的弓弩手（无武器），第76页：Shutterstock/Yan Vugenfirer，图片编号2267671。

步兵，第76页：Shutterstock/Yory Frenkalkh，图片编号33101062。

所有来自Wikimedia Commons的图片下载于2013年3月7日。

作者和插画家

科妮莉亚·赫尔曼斯是出生于德国斯图加特的记者和作家，现在和她的家人生活在德国图宾根。她是获得博士学位的历史学家，并长期从事游记的撰写工作。中国一直以来深深吸引着她，因此，她充满热情地投身于对秦始皇和兵马俑的调查研究之中。

格雷戈尔·克廷是上海爱豆笔此设计工作室双人艺术组合的成员之一。这位出生于德国德累斯顿的艺术家在他的历史插画中展现了他对细节的钟爱、熟练的技艺和对精致的追求。

更多关于本书作者和插画家的信息，您可以在www.drachenhaus-verlag.com上获取。

Author and title of the original edition:
Des Kaisers tönerne Krieger Qin Shi Huangdi und die Suche nach dem ewigen Leben
Author: Cornelia Hermanns
Illustrator: Gregor Körting
Copyright © 2013 Drachenhaus Verlag, Esslingen, Germany
Chinese language edition arranged through HERCULES Business & Culture GmbH, Germany

本书中文简体版权归属于银杏树下（北京）图书有限责任公司

著作权合同登记　图字：22-2020-053 号
审图号：GS（2019）6080 号

图书在版编目（CIP）数据

换个角度看历史．秦始皇/（德）科妮莉亚·赫尔曼斯著；（德）格雷戈尔·克廷绘；林芳芳译．— 贵阳：贵州人民出版社，2020.5（2024.11 重印）
ISBN 978-7-221-15968-7

Ⅰ．①换… Ⅱ．①科…②格…③林… Ⅲ．①中国历史 - 通俗读物②秦始皇（前259- 前210）- 生平事迹 - 通俗读物 Ⅳ．① K209 ② K827=33

中国版本图书馆 CIP 数据核字（2020）第 064271 号

HUANGE JIAODU KAN LISHI:QINSHIHUANG
换个角度看历史：秦始皇

[德] 科妮莉亚·赫尔曼斯 著　[德] 格雷戈尔·克廷 绘
林芳芳 译

出 版 人：	朱文迅
选题策划：	北京浪花朵朵文化传播有限公司
出版统筹：	吴兴元
营销推广：	ONEBOOK
责任编辑：	孔令敏　何文龙
特约编辑：	李　敏
装帧制造：	墨白空间·唐志永
出版发行：	贵州出版集团 贵州人民出版社
地　　址：	贵阳市观山湖区会展东路 SOHO 办公区 A 座
印　　刷：	天津裕同印刷有限公司
版　　次：	2020 年 5 月第 1 版
印　　次：	2024 年 11 月第 5 次印刷
开　　本：	889 毫米 ×1194 毫米 1/16
印　　张：	6.5
字　　数：	106 千字
书　　号：	ISBN 978-7-221-15968-7
定　　价：	76.00 元

读者服务：reader@hinabook.com 188-1142-1266
投稿服务：onebook@hinabook.com 133-6631-2326
直销服务：buy@hinabook.com 133-6657-3072
官方微博：@浪花朵朵童书

后浪出版咨询（北京）有限责任公司 版权所有，侵权必究
投诉信箱：copyright@hinabook.com fawu@hinabook.com
未经许可，不得以任何方式复制或抄袭本书部分或全部内容
本书若有印、装质量问题，请与本公司联系调换。电话 010-64072833